DANS LA MÊME COLLECTION

Abbé Pierre, *Paroles.*

Ushio Amagatsu, *Dialogue avec la gravité.*

Henry Bauchau, *Exercice du matin* ; *La Pierre sans chagrin* ; *La Chine intérieure.*

Maurice Béjart, *Lettres à un jeune danseur.*

Carolyn Carlson, *Le Soi et le Rien.*

Dalaï-lama, *La Compassion et l'Individu.*

Lama Denys, *La Voie du bonheur.*

Eric Geoffroy, *L'Instant soufi.*

Rabbin Philippe Haddad, *Epreuves d'espérance.*

Rabbin Haïm Korsia, *A corps et à Toi.*

Ramson Lomatewama, *Le Chemin du roseau.*

Michael Lonsdale, *Oraisons.*

Danielle Mitterrand, *Echanger la vie.*

Père Alain de La Morandais, *Prier par les cinq sens.*

Daniel Odier, *Tantra, spontanéité de l'extase.*

Raimon Panikkar, *Une christophanie pour notre temps* ; *Initiation aux Veda.*

Roland Yuno Rech, *Zen, l'éveil au quotidien.*

Jules Roy, *Poèmes et prières des années de guerre (1939-1945).*

Damien Saez, *A ton nom.*

Sœur Emmanuelle, *Les Mots du rosaire.*

Mohamed Talbi, *Universalité du Coran.*

Alexis Wright, *Croire en l'incroyable.*

Le Chant de la montagne, présenté par Washington Matthews.

"LE SOUFFLE DE L'ESPRIT"

collection dirigée
par Christian Dumais-Lvowski

La collection "Le Souffle de l'esprit" se veut le reflet d'une ouverture des uns aux autres, à travers la prière, la réflexion, la méditation. Nous avons demandé à des personnalités religieuses ou laïques, croyantes, athées ou agnostiques, de nous faire part de leurs "prières", qu'elles soient une invocation à Dieu ou une réflexion de sagesse sur l'humain et son devenir.

ISBN 2-7427-6499-2

SIDI LARBI CHERKAOUI

avec JUSTIN MORIN

pèlerinage sur soi

ACTES SUD

PRÉFACE

Quelle ne fut pas ma surprise lors de ma première rencontre avec Sidi Larbi Cherkaoui. Face à moi se tenait un jeune homme au teint pâle et au regard malicieux, certainement emprunté à un renard. Sa chevelure électrique soufflait au loin les images exotiques que son patronyme me suggérait. Il allait falloir que je m'y habitue, cet homme-là s'affranchissait des préjugés et des étiquettes faciles.

Rédiger les longues conversations que nous avons partagées s'est révélé une expérience vivifiante. Entendre Sidi Larbi m'expliquer les bienfaits de la respiration a été pour moi une leçon comparable à une renaissance.

Respirer, rien ne semble plus évident. Pourtant nous sommes nombreux à avoir oublié d'écouter nos corps. Nombreux à avoir oublié que l'oxygène est le médicament le plus sain, mais aussi le plus efficace, pour calmer nos angoisses. Le mouvement de la respiration recèle le secret de la vie. Il est ce fameux "Souffle de l'esprit" qui nomme la collection dans laquelle paraît ce texte.

Aussi simples puissent-elles paraître, les pensées que dévoile ici Larbi touchent au juste. Ceux qui connaissent son œuvre savent à quel point celle-ci est généreuse et humaniste. C'est finalement l'humanisme qui résume le mieux cet homme kaléidoscope, dont le reflet se recompose à chacun de ses spectacles.

L'écriture qu'il redoute tant accuse toutefois un défaut majeur : elle prive le lecteur de sa voix et de ses gestes. Cette grâce si particulière, pleine d'humilité, qui le caractérise ne peut être rendue par l'encre. Alors il faudra le voir danser. Encore et encore.

JUSTIN MORIN

L'ENCRE

Laisser une trace de mes pensées est une chance qui me terrifie. Je crois cette peur liée à l'idée de figer les choses.

Comme une rivière qui coule, le flux des pensées a parfois ce caractère fuyant. Ainsi il ne faut pas hésiter à sauter dans ce cours d'eau pour rattraper une idée qui vient de nous parcourir. Il faut apprécier le Présent, cet instant qui nous traverse, pour pouvoir concrétiser ce qui tente de nous échapper et ce, malgré le courant perturbateur qui glisse entre nos pieds immergés.

Une pensée, dite ou écrite, masque toutes celles qui cohabitent simultanément dans nos têtes. Comme un arbre, la pensée se ramifie en plusieurs branches. La parole ou l'écriture ne sont qu'un prolongement, elles sont le feuillage qui habille cette pensée. L'arbre ainsi formé est parfois difficile à percevoir dans son entièreté, puisque les branches, jouant de superposition, se camouflent entre elles. Pourtant nous pouvons parfois lire ou entrevoir ces idées parallèles, ces autres bois.

Dans les silences.

Dans le ton de la parole.

Dans le rythme des mots.

Dans les mouvements du corps qui accompagnent la parole.

Pour ne plus amoindrir la pensée du Présent, il faudrait ne plus prendre les lettres et les mots qu'elle forme comme un absolu, comme des dogmes à suivre. L'encre ne pourra jamais remplacer la vérité de l'instant vécu, du contexte, mais elle pourra en revanche la simuler ou, mieux encore, la stimuler.

Dès lors qu'ils sont imprimés, les mots ne peuvent plus vraiment évoluer. Je trouve intimidant le côté définitif de l'encre sur le papier. Toute vérité est inscrite dans un certain temps. Il se peut que la vérité de cette écriture devienne un mensonge de ma pensée future. Je pense à Pasolini qui, à la fin de sa vie, a réécrit tous ses poèmes d'enfance. C'est la violence du temps qui passe.

Toute vérité est inscrite dans un certain temps.

Je dirais même qu'elle est aussi subjective qu'une émotion. La vérité s'apparente à une conviction intime. Vivre sa vie, c'est vivre en accord avec ses croyances personnelles. Qu'ils soient extrêmes ou effacés, qu'ils se réfèrent à une religion ou non, ces préceptes de vie constituent notre Foi.

Une petite fille m'a marqué. Dès qu'elle ouvrait une porte, cette enfant prenait le soin de la refermer derrière elle. Elle refermait la porte, comme pour dire : "Je ne suis que de passage dans la vie, je ne suis pas là pour l'altérer." Elle replaçait la réalité comme elle l'avait trouvée. Elle jouait avec les objets, les déplaçait, mais finissait toujours par les replacer. Ce respect m'a frappé d'autant plus que cette enfant n'avait que trois ou quatre ans. Je trouve incroyable qu'à cet âge-là, elle ait une telle politesse, une telle conscience, un tel respect pour son environnement.

Laisser les choses là où elles sont.

Effleurer la réalité autour de nous.

J'ai passé mon enfance en Belgique. J'ai grandi en parlant néerlandais et français. Au quotidien, j'utilise également l'anglais. Quand une idée m'échappe dans une langue, je peux la développer dans une autre, parfois même plus précisément. Dans les différents langages, certains mots sont uniques, certaines nuances dépendent du contexte de la langue, de l'endroit où elle s'est développée. Par exemple, la langue des Inuits possède de nombreux mots pour désigner la neige, alors qu'en néerlandais nous n'en avons qu'un seul. Au-delà de cette distinction linguistique, cette richesse amène à développer la perception des choses. Désigner la neige par dix termes différents n'appelle pas qu'à la poésie. Cela enrichit surtout la sensibilité, affine le rapport aux choses en ouvrant à leur complexité. Le vocabulaire doit permettre de découvrir l'infini du monde.

Enfant, je cherchais cet infini par le dessin. Les images entraient par les yeux et ressortaient par les mains. J'arrivais vraiment à rester dans la feuille, à l'intérieur de son espace. Je m'y perdais. Le monde disparaissait. La danse a été pour moi un prolongement du crayon. Nous faisons un mouvement et il existe immédiatement. Il est dessiné, mais disparaît aussitôt, comme gommé par le temps qui passe. Le dessin de la danse, ce qu'il en reste, ce que nous en percevons, équivaut à la mémoire de la danse.

Seules subsistent les traces nécessaires.

En représentation, le danseur transmet ses crayons au spectateur. Si avec mon index je dessine un cercle dans l'espace, on aura la sensation de voir un cercle parfait. Pourtant il n'est pas régulier. C'est l'œil du spectateur qui le corrige et complète le mouvement. La danse est un dessin fait à deux crayons, celui de l'interprète et celui du public.

De par mon éducation, Dieu a toujours été présent. Mais dès mon plus jeune âge, une certaine dualité se dessinait : ma mère est catholique et mon père, aujourd'hui décédé, était musulman. Ils invoquaient un même Dieu, mais j'ai très vite pris conscience des différences qui séparaient ces deux mondes.

Mon enfance a été marquée par ce désaccord, et j'ai dû très vite apprendre à prendre position. Les jeunes années sont habituellement marquées par les certitudes, l'adolescence y met fin. J'ai certainement connu cette déception, cette découverte des choses, de manière précoce.

Je pense avoir cru en Dieu jusqu'à mes treize ans. Aujourd'hui je crois en la valeur personnelle de chaque moment.

J'ai conscience de l'état d'impermanence qui régit nos vies. Si les bonnes choses sont amenées à ne pas rester, je sais que c'est aussi le cas des mauvaises.

Cette alternance, ce cycle permet d'imaginer un futur.

FOI

"En quoi crois-tu en ce moment ?"

Tout est parti de là. "Qu'est-ce qui est sacré pour toi ?" ou "existe-t-il encore quelque chose de l'ordre du sacrilège ou du tabou ?" Simples en apparence, ces questions entraînent des réponses complexes et très personnelles selon les individus. Pour moi il était important de dialoguer avec les danseurs sur ce sujet. Important car ces interprètes sont aussi mes amis. Notre espace de travail me permet de les découvrir en profondeur. Ce sujet me semblait d'autant plus sensible que nous vivons dans une époque où l'accent est plus facilement mis sur les choses auxquelles nous ne croyons pas.

De prime abord ce spectacle est en connexion avec les petites et grandes "fois" personnelles : l'amour, la jeunesse, l'argent, le succès. La religion n'est qu'une des réponses possibles, en aucun cas la réponse unique. Toutes ces croyances, qui se confrontent et se heurtent, créent un sentiment commun et partagé : le doute. Celui-ci devient presque une nouvelle conviction.

Foi s'ouvre sur un décor très fin de siècle, largement inspiré par les peintures de Rubens. Il présente une population partagée entre ses angoisses et ses ambitions. Une mère à la recherche de son enfant disparu, quelques personnages échoués ici et là… Ils sont observés par d'autres, plus neutres, aux attitudes éthérées. On comprend rapidement que ceux-ci s'apparentent à des figures angéliques. Affectés par les mouvements des "vivants" ou à l'origine de leurs actions, ces anges forment le canevas dramaturgique.

Foi place sur un pied d'égalité le passé et le présent. Les mythes, les légendes de jadis et d'aujourd'hui fusionnent dans la conscience collective des interprètes. Au Moyen Age, les voix humaines tentaient d'atteindre au chant des anges, d'où l'idée d'introduire sur scène quelques danseurs représentant des anges gardiens invisibles guidant les "vrais" personnages. La profondeur et la complexité de la musique se traduisent sur scène par un grand nombre d'images et d'associations contradictoires ou complémentaires.

On a tendance à fragmenter la réalité, à la mettre dans des cases : danse, théâtre, chant... Des cases qui elles aussi se subdivisent : danse abstraite, théâtre minimaliste, chant pop, danse traditionnelle. Nous sommes dans une culture de catégorisation. Pourtant il suffit de déplacer légèrement ces cloisons, de les élargir ou les resserrer, pour créer ainsi des espaces mieux définis, plus justes.

Chaque frontière est perméable et mobile.

C'est ainsi qu'en remodelant l'espace scénique, nous avons réussi à faire coexister des styles dramaturgiques prétendus incompatibles. Il s'agissait de découvrir comment des personnages issus d'univers différents pouvaient se partager la scène pour créer l'univers de *Foi*. Le jeu de Christine Leboutte est émotionnel alors que celui d'Ulrika Kinn Svensson est plus hollywoodien. Joanna Dudley travaille quant à elle sur un registre minimaliste. Elles vivent pourtant dans le même monde, sur la même scène, au même moment.

J'ai toujours quelque chose en commun avec les gens avec qui je décide de travailler.

Bien qu'Erna Ómarsdóttir vienne d'Islande, ou Ulrika Kinn Svensson de Suède – deux pays très différents de mes propres origines –, il y a malgré tout quelque chose que je reconnais en elles, une certaine manière de voir que nous partageons totalement. Il y a cette reconnaissance naturelle, avant même que je découvre tout ce que cette personne pourra m'apprendre.

Notre rencontre interroge cet être que je ne connais pas, tout ce qu'il est et que je ne suis pas. D'où il vient, ce qu'il a vécu, ce qu'il a envie de partager, ce qu'il a envie de raconter, ou ce qu'il n'a pas envie de dire, mais que je peux tout de même découvrir. J'ai envie d'apprendre de cet individu.

J'ai le goût de la communication, notamment celle de la gestuelle quotidienne. Lorsqu'un individu parle en bougeant ses mains, ou en baissant son visage… C'est presque une obsession chez moi : que dit-on à travers ces gestes, comment influent-ils sur le message verbal ? Cette chorégraphie universelle me fascine, et chacune de mes créations commence par ce travail-là.

Pour en revenir à ce goût de la collaboration, je crois l'avoir développé en dansant avec Alain Platel. J'aime énormément l'espace qu'il crée. La liberté totale qu'Alain accorde à ses interprètes exige de leur part une responsabilité absolue. Depuis *Iets op Bach*, ce sentiment ne m'a pas quitté. La collaboration me passionne car je sais que j'apprendrais beaucoup moins si j'étais seul, ou plutôt que j'apprendrais autre chose. Cette relation dresse parfois des murs mais ouvre aussi des portes.

Les autres sont autant de miroirs qui incitent à la remise en question.

Début 2002, j'ai mené au côté de Nienke Reehorst, chorégraphe et danseuse hollandaise, un atelier pour les acteurs handicapés mentaux de la compagnie flamande Theater Stap. *Ook* en est l'aboutissement, c'est aussi ma première collaboration avec le comédien Mark Wagemans, également présent dans *Foi* et *Tempus fugit*. Ce mot flamand de trois lettres veut dire "aussi". Le titre de travail de cette pièce était *Ook hier ben je daar*, que l'on peut traduire littéralement par "Aussi ici tu es là". Il s'agissait de voir comment nous interprétons le flot d'images auquel nous sommes confrontés. La pièce s'ouvre sur un homme qui tient un couteau dans sa main. Est-ce un meurtrier ou va-t-il simplement se couper une part de gâteau ? La scénographie présente un plateau tapissé de journaux : il y a une telle surdose d'informations que l'on se retrouve incapable de toutes les gérer.

Travailler avec des personnes handicapées m'a énormément apporté. En flamand, il existe un très beau mot, *andersvalied*, qui ne signifie pas "moins valide", mais "valide autrement". Certes elles ont des limites, mais comme n'importe qui. Les danseurs professionnels en ont aussi. Ce qui importe, c'est de trouver les clés pour transformer ces limites en atout, c'est d'accoucher de soi ; communiquer, échanger, concrétiser son potentiel.

Nous nous sommes retrouvés face à nos propres préjugés. Ces acteurs différents sont directement connectés avec leurs émotions les plus fortes, les plus pures. Une des actrices devait se mettre à pleurer pendant le spectacle. Elle le faisait avec une telle sincérité que ça faisait mal au cœur. L'instant d'après elle s'arrêtait net. Elle a vraiment trouvé le bouton sur lequel appuyer. La plupart des gens doivent prendre des cours de théâtre pendant des années avant de pouvoir pleurer ou rire spontanément.

Pour les mouvements, ils ont des limites bien sûr, mais là encore comme nous tous. Pour aborder avec eux les aspects les plus abstraits du mouvement, il faut trouver des clés d'improvisation : on leur dit par exemple d'imaginer qu'ils brûlent, et tout de suite il en dérive des façons de bouger très spécifiques. Les acteurs de Theater Stap sont beaucoup moins inhibés que les personnes dites “normales”. Pour eux, se mettre un doigt dans le nez est un exercice de théâtre comme un autre, alors que la majorité des gens est inhibée et hiérarchise ses actions.

Nous avons aussi découvert la différence entre intelligence du corps et intelligence verbale. Leur demander d'exécuter une action ne produisait rien, alors que la démonstration de cette même action leur permettait d'assimiler ce qu'on leur demandait.

Là où les mots ne résonnaient pas, le mouvement leur parlait.

J'ai énormément appris au contact de ces comédiens. *Ook* est le travail qui m'a rendu le plus heureux… et qui m'a le plus fatigué ! Aujourd'hui, j'ai envie d'apporter ces mêmes spontanéité et honnêteté dans mes rapports avec mes danseurs "ordinaires".

L'APPRENTISSAGE

Si mon travail de chorégraphe passe par la transmission, il est aussi un prétexte pour l'apprentissage.

Quand j'ai voulu apprendre à chanter, j'ai intégré le chant dans un spectacle pour m'obliger à chanter tous les soirs sur scène. C'était pour moi une manière de m'y atteler concrètement et avec discipline.

Chaque spectacle est lié au précédent. Le peintre passe par une série d'esquisses avant d'aboutir à son tableau. Il est dans une pratique intense. A son image, j'essaie d'améliorer ce que je trouve faible dans la création qui vient de se terminer à travers celle qui lui succède. Je m'autorise l'erreur.

C'est peut-être pour avoir l'impression que le temps va moins vite que j'accélère mon rythme.

Le biaiser légèrement pour mieux l'adapter à ma manière de ressentir les choses. J'aime organiser mes tâches, j'aime rechercher l'emboîtement qui me permettra de faire le maximum de choses en un minimum de temps.

J'envisage la relation professeur/élève comme un échange réciproque. Ce n'est jamais unilatéral. C'est une notion assez générale de croire qu'il y a une hiérarchie. Christine Leboutte a été mon professeur de chant, ce qui ne l'a pas empêchée d'être mon interprète dans *Foi* et *Tempus fugit*.

Parmi les personnes qui m'apprennent beaucoup, j'aime citer Pina Bausch, une personne que j'aime prendre en exemple. Moi qui ai très peur de devenir amer, je trouve merveilleux qu'il puisse encore émaner d'elle une telle générosité après tant d'années passées à danser. Elle est simplement fantastique. La notoriété a ses effets pervers : elle peut provoquer l'agressivité et la jalousie de certains. Elle peut aussi changer l'individu, le rendre méfiant et amer. Alors qu'elle pourrait se montrer moins disponible, moins patiente, Pina reste présente et humble. C'est une de mes idoles.

A un autre niveau, Bruce Lee est lui aussi une de mes idoles, et une de mes références. Cela peut prêter à sourire, mais force est de reconnaître qu'il est un maître de chorégraphie. Sa technique de mains, *"sticking hands technique"*, est impressionnante. Il a été l'un des premiers à conjuguer plusieurs disciplines au sein de son art. Il a su prendre les éléments techniques les plus appropriés à sa propre morphologie et à ses capacités physiques pour composer son unité.

C'est aussi l'un des premiers Asiatiques à avoir partagé ce qu'il savait des arts martiaux avec des Occidentaux, sans aucun préjugé racial. Il croyait que le droit d'apprendre était un droit universel. En ce sens il est quelqu'un d'innovant, une figure qui continue de m'inspirer.

Il y a une certaine innocence dans la manière dont ces deux artistes abordent leur art. Je pense que la vraie sagesse, celle qui s'impose naturellement, s'apparente à un retour à l'innocence.

RESPIRER

Stabat mater dolorosa
Iuxta Crucem lacrimosa,
dum pendebat Filius.

Cuius animam gementem,
contristatam et dolentem,
pertransivit gladius.

O quam tristis et afflicta
fuit illa benedicta
Mater Unigeniti.

Quae maerebat et dolebat ?
Pia Mater cum videbat
Nati poenas incliti.

Quis est homo qui non fleret,
Matrem Christi si videret
in tanto supplicio ?

Quis non posset contristari,
Christi Matrem contemplari
dolentem cum Filio ?

(…)
Eia Mater, fons amoris,
me sentire vim doloris
fac, ut tecum lugeam.

Fac ut ardeat cor meum
in amando Christum Deum,
ut sibi complaceam.

(…)
Christe, cum sit hinc exire,
da per matrem me venire
ad palmam victoriae.

Quando corpus morietur,
fac ut animae donetur
Paradisi gloria.

Damien Jalet est une personne qui m'a beaucoup appris. Sa rencontre, dans *Rien de rien* où il dansait, a été primordiale dans la découverte du chant. Il m'a fait découvrir cette version de tradition orale du *Stabat mater*. Je n'avais jamais entendu une chose semblable auparavant, j'avais pourtant l'impression que c'était ancré dans mon inconscient, inscrit dans mon corps. J'étais physiquement en résonance avec cette musique ancienne, elle touchait indéniablement un point de ma propre biologie.

Ainsi s'ouvrait à moi le monde de l'ethnomusicologie, qui m'a permis de découvrir la chanteuse Christine Leboutte et le travail de la compositrice Giovanna Marini. Toutes deux travaillent autour des voix naturelles issues de chants transmis oralement.

Damien et Christine m'ont enseigné ce cantique, m'expliquant que l'on pouvait le chanter à plusieurs voix, et ainsi créer des harmonies. Deux voix peuvent alors se trouver dans une telle symbiose qu'elles en créent une troisième.

C'est aussi une expérience très physique, un relâchement de certains muscles, un mouvement de respiration, de l'air qu'on expulse, les poumons qui bougent d'une certaine manière. Tout ça est physique, c'est du mouvement. Le son n'est pas immatériel. Nous pouvons le voir. Ce mouvement intérieur, c'est de la danse.

Chaque note est le résultat d'une chorégraphie du dedans.

Ce que j'apprécie dans le chant, c'est qu'il est concret. Ce n'est pas de la théorie. Il faut chanter pour chanter. Il suffit de le faire pour comprendre.

Damien m'a également fait découvrir l'ashtanga-yoga. Sa pratique m'a permis de développer un rapport constructif face au stress. Une respiration est reliée à un mouvement. Tout est de l'ordre de l'oxygène. L'oxygène est certainement la nourriture la plus généreuse que l'on peut offrir à son corps. Le yoga a été pour moi l'occasion de faire de la respiration le meilleur des médicaments.

Lors de la création de *Zero Degrees* – mon duo en 2005 avec Akram Khan –, j'ai rencontré un véritable professeur en la personne de Sri Louise. Elle incarne véritablement ce qu'elle enseigne.

Sri m'a initié à l'iyengar-yoga, et m'a appris une intégrité de la posture que je ne connaissais pas encore. Le pourquoi d'une position. L'enjeu du yoga n'est pas de tenir une position en contractant son corps, mais au contraire de détendre certains muscles alors que d'autres travaillent. Il s'agit de trouver ce dont nous avons réellement besoin.

Le yoga et le chant sont deux manières très concrètes d'apprendre son propre corps, ses forces, ses limites et son potentiel. Ils permettent de se replacer dans le réel. Au quotidien, on utilise naturellement le toucher, l'odorat, le goût, l'ouïe ou encore la vue pour ressentir les choses. Le yoga et le chant relient toutes ces sensations. Alors que nos cinq principaux sens ne font qu'absorber la réalité, le yoga et le chant offrent autant qu'ils absorbent. Il y a un véritable mouvement dans cet échange, un mouvement qui se propage par sphères, et ne se contente pas d'un simple aller-retour. Leurs énergies sont pareilles à un boomerang qui ne cesse de tourbillonner, qui repart dès lors qu'il a rejoint son point de départ.

Par le corps – le yoga et le chant –, on peut calmer l'esprit.

Nous vivons dans un monde régi par le mental. Téléphone, Internet, télévision, nos mouvements rapetissent pour se concentrer dans nos doigts. Je crois en la danse car elle est un de ces rares espaces de mouvement – avec le sport – où l'on peut trouver son expression. Je crois en la force du mouvement.

LE TEMPS

Tempus fugit a approfondi ma relation au temps. L'utilisation que j'en fais, ma tentative de l'apprivoiser, et de ne pas en devenir victime. Beaucoup de notre stress quotidien provient de notre rapport au temps, érigé en maître dictateur.

Le temps n'est pas une donnée neutre, il est chargé d'émotions. "Quand je serai grand…", dit l'enfant, "de mon temps…", dit la grand-mère ; que ce soit par nostalgie du passé ou par obsession de l'avenir, il semblerait que l'être humain ait du mal à vivre dans son présent.

Nous passons d'un "moment" de notre vie à un autre et négligeons l'entre-deux. Ce temps intermédiaire, celui que nous ne nommons pas, est pourtant tout aussi précieux. Dans une journée de mille quatre cent quarante minutes, combien sont réellement vécues et ressenties ?

Un corps humain se construit, se transforme, puis périclite. Ce parcours semble inévitable, c'est ce qui le rend tellement angoissant. Dans *Tempus fugit* nous jonglons avec cette idée et tentons d'adopter une approche différente. Notre ambition était de faire en sorte que le temps ne soit plus un maître, mais un partenaire avec qui l'on puisse danser. Nous cherchions à savourer le présent…

Dans *Tempus fugit* j'ai essayé de faire le contraire de ce que j'avais mis en place dans *Foi*. Certains ont trouvé *Foi* trop sombre, trop violent. Ici, j'ai voulu mettre l'accent sur la joie, le bonheur, et être plus subtil dans ma manière de présenter certains thèmes. Dans *Foi*, quand le terrorisme est évoqué, il est très clairement représenté, il est évident. *Tempus fugit* est plus nuancé. Par exemple, certains chants sont en arabe ou en corse. Dans le contexte politique international actuel, le choix de ces langues n'est pas anodin. J'avais envie d'exposer ces problématiques différemment, que la musique fédère un espace pour susciter le dialogue. Mon ambition n'était pas de faire de la *world music*. J'ai choisi ces musiques pour des raisons très précises, notamment liées au contexte antiterroriste. Ainsi le chant corse que l'on entend pendant le spectacle et que certains trouvent si délicat est en réalité un chant protestataire qui dit : "Repousse tes ennemis, repousse la France." D'autres ont trouvé que ce spectacle portait mal son titre, que le temps n'y était pas vraiment évoqué. Pourtant, ce sont ces migrations, ces transferts d'un territoire à l'autre, ces conquêtes qui font le temps.

Je savais que *Tempus fugit* serait créé en Avignon. C'est pour cette raison qu'on peut y voir des influences méditerranéennes. L'idée de la mer et du voyage est très présente, notamment avec les mâts chinois. Ils m'évoquent des barreaux de prison, ou encore des arbres. Ils relient le ciel à la terre. Les branches de ces arbres sont comme autant de mains offertes au ciel, les racines de ces mains sont plongées dans le sol. Trois éléments sont ainsi reliés : l'eau dans ce que le sol a de plus profond, la terre et l'air.

Comment relier un élément à un autre ? Qu'est-ce que l'évolution ? *Foi* était de l'ordre du cycle et parlait d'une condition humaine qui tournait en rond. J'ai voulu me remettre en question et voir si rien ne bougeait, à l'intérieur de ce mouvement.

Au début du spectacle, les danseurs se meuvent sur le sol comme des poissons. Dans le solo de Nicolas Vladyslav, ce poisson se met à bondir comme une grenouille qui se transforme ensuite en une sorte de lézard, puis prend de la hauteur comme un oiseau. J'ai cherché à voir comment un mouvement au sol pouvait se transformer en saut, ceci de manière graduelle et organique, ou encore comment une danse africaine pouvait se muer en une danse irlandaise. De quelle manière, en changeant deux ou trois éléments, ces choses se rejoignent. Il suffit de deux ou trois changements pour que je devienne un autre dont je semble pourtant si différent.

Certaines personnes m'ont demandé si je n'avais pas peur d'amoindrir toutes ces cultures à force de les conjuguer. Je ne crois pas. Chaque culture naît de la rencontre de plusieurs personnes, de codes, d'événements historiques. Aucun pays n'est éternel, tout n'est qu'histoires, croisades, schismes, mythes… Il n'y a pas "une" culture arabe. Il n'y a pas "un" islam. Dans un pays d'Afrique les femmes islamiques se retrouvent seins nus, alors que dans un autre pays elles portent le tchadri. Ces peuples parlent pourtant d'une même culture religieuse.

SPIRITUALITÉ

Je n'aime pas l'amalgame courant qui fait de la spiritualité un synonyme de la religion. Pour beaucoup, ce mot n'évoque que l'esprit, et crée par conséquent une dualité avec le corps. Ses racines linguistiques sont pourtant les mêmes que celles du mot "respirer".

Corps et esprit ne sont qu'une seule et même chose.

La conscience de la respiration peut aider à trouver cet état. Inspirer, expirer, inspirer, expirer, c'est dans ce rythme, à l'intérieur, que se trouve la clé. La manière dont nous traitons nos corps, dont nous respirons, peut s'avérer une source de changement dans nos vies.

Cette unité esprit/corps est en complète osmose avec les gens qui nous entourent, avec l'univers dans lequel nous vivons. Nous faisons partie d'un tout. Si j'ai un côté spirituel, c'est là qu'il se situe. J'ai l'impression d'absorber le monde qui m'entoure autant que certains éléments de ce monde m'absorbent. Nous absorbons les choses en les regardant, en les écoutant, en les sentant, en les touchant, en les mangeant. Ce que j'intègre, ce que je mange, c'est ce qui me crée, me recrée ou me transforme.

J'ai notamment compris ce dernier point grâce à Anne Teresa De Keersmaeker, et à l'enseignement que j'ai suivi à Parts, son école. La nourriture y était macrobiotique. C'est une cuisine très complexe qui repose sur le yin et le yang, et qui tente d'apporter l'équilibre à nos besoins. Cette cuisine est liée à des codes très stricts, à commencer par la provenance de la nourriture. C'est aussi une cuisine végétarienne, qui me convient très bien. Je suis végétarien depuis mes quinze ans. D'autre part, plusieurs éléments, notamment le sucre, sont presque tabous. Je n'étais pas convaincu par l'ensemble de cette éthique, mais je reconnais l'importance que cet enseignement a eu dans ma vie.

J'aime le mouvement collectif, pareil à une danse, qui se fait dans les mosquées et les églises. Bouger en même temps que les autres est quelque chose d'important dans la vie. La prière arabe, dans les gestes qu'elle développe, s'apparente à la salutation au soleil que l'on pratique dans le yoga. La prière catholique est différente : la tête se penche, l'énergie se concentre entre les mains. Aussi minimal soit-il, il y a toujours un mouvement.

Si chaque prière est une danse, alors peut-être peut-on en déduire que chaque danse est une forme de prière.

Rien de rien – ma première pièce pour les Ballets C. de la B. – se situait dans une mosquée. Au mur, une calligraphie arabe disait : "Les interdits attisent les envies." Je voulais mettre dans cette pièce tout ce qui est interdit dans ce lieu sacré, mais le faire d'une façon si respectueuse que cela devienne naturel, possible, acceptable. Que l'interdiction devienne obsolète.

Dans cette pièce, Damien Jalet et moi entamons un duo. Notre union crée un corps à quatre bras, une sorte de divinité indienne. Nous chantons à deux voix. Cette figure chimérique marque dans un premier temps le spectateur. Nous sommes torse nu, nous nous touchons dans un moment d'intimité, et pourtant nous n'avons eu aucun commentaire réactionnaire. Fait de cette manière, avec ce respect, cet amour masculin devenait universel.

Plus tard dans la pièce, Angélique Willkie se retrouve nue. Elle chante et son chant la statufie. Sa nudité n'est pas sexuelle, ce corps de femme n'est pas un objet. Ce personnage qui a passé la quasi-totalité du spectacle camouflé, à travestir son identité, retrouve son intégrité lorsqu'il se met littéralement à nu.

Marie-Louise Wilderijckx (qui fut mon professeur de ballet) et Laura Neyskens partagent la scène sans hiérarchie malgré leur différence d'âge (Laura n'avait à l'époque que quatorze ans, alors que Marie-Louise était dans la soixantaine). Chacune incarne le rêve de l'autre : la jeune fille rêve de devenir *prima ballerina*, et la danseuse accomplie souhaite retrouver sa jeunesse.

Il nous arrive tous de rêver à une autre vie. Pourtant nous incarnons tous le rêve d'une autre personne.

L'HÉRITAGE

Les événements que nous traversons nous construisent psychiquement. Notre corps est fait d'éléments hérités de notre père, de notre mère, de nos grands-parents. C'est notre biologie. Elle est unique. Nous avons un tel héritage biologique, psychique, avant même d'avoir commencé à apprendre et à expérimenter la vie. Ce capital génétique, ces éléments nous appartiennent, et nous pouvons décider de les développer ou non, comme bon nous semble.

Nos corps ont une mémoire inconsciente du passé.

Pour grandir, il faut manger. Il y a différentes sortes de nourritures. Il y a celles que nous absorbons avec les yeux, celles que nous mangeons avec les oreilles, ou encore avec le toucher. Elles font notre intelligence. Nous ne sommes pas assez conscients que tout ce que nous vivons nous nourrit constamment, et nous enrichit. Nous

nous laissons devenir ce que nous voyons. A un moment donné se pose un choix : de quoi ai-je envie de me nourrir ? de quelle manière ai-je envie de le faire ? qu'ai-je envie de devenir ? En fait, tout ça n'est qu'une question de nourritures, de choix.

Chaque action, chaque choix est un acte politique et social.

Faire ses courses au marché, se déplacer en train plutôt que de rouler en voiture, fumer ou non, toutes ces décisions sont politiques. La politique passe par là.

Des conventions, des compromis, une recherche d'harmonie.

Même nos noms sont politiques. Plusieurs de mes amis arabes disent : "Sidi Larbi Cherkaoui, ton nom est comme un pèlerinage sur soi." Pèlerinage dans le sens où mon nom peut faire réfléchir des gens qui ont certains *a priori* face à une culture qui n'est pas la leur.

En tant que métis, j'ai compris très jeune que personne n'appartient qu'à un seul clan. Tout le monde est issu de deux familles et possède donc une double identité. Savoir qu'on est le produit d'une immense diversité génétique est très libérateur à mes yeux. La pluralité de l'identité est très importante. Je suis Sidi Larbi Cherkaoui, je suis un homme, je suis un fils, un chorégraphe, je suis belge, je suis tatoué, j'ai les yeux bruns, je suis enfant d'immigré… Je suis toutes ces choses et beaucoup d'autres encore.

Tous ces éléments sont autant de clefs qui me relient aux autres.

Dans un partage.

Amin Maalouf dans *Les Identités meurtrières* décrit les enjeux identitaires en questionnant la marge et la norme. Lorsqu'une partie de notre identité se retrouve pointée du doigt par la société, nous nous retrouvons dans une position de défense. Le risque de cet état – vouloir faire accepter à tout prix ce qui est rejeté – est finalement de ne plus se définir que dans cette part d'identité critiquée. Je suis homosexuel. Si je me retrouve attaqué sur ma sexualité, je risque de tout faire pour la justifier. Je risque d'être maladroit. Je risque de réduire mon identité à ma sexualité. Je serai d'abord homosexuel, puis un homme aux yeux bruns. Cette hiérarchie diminue la pluralité de l'identité en la schématisant. Certes je suis homosexuel, mais je suis également chorégraphe, je vis en Belgique, enfant d'immigré, j'ai les yeux bruns… Trouver les points communs entre deux personnes antagonistes permet de faire accepter les différences.

Chercher ce qui nous relie.

LOIN

Loin est le titre d'une création entreprise avec le Ballet du Grand Théâtre de Genève, en avril 2005. Par le biais de cette rencontre avec ces danseurs, j'ai cherché à explorer l'idée de distance.

Tout d'abord, la distance entre deux personnes. Une distance qui peut être de l'ordre du social, de l'intime, de la géographie ou du temps. Mais aussi celle entre les choses, entre des mondes différents. Celle qui existe entre les matériaux de cette création : une musique allemande du XVIIe siècle, des danseurs d'aujourd'hui venant du Brésil ou d'Australie, des gestes inspirés par la danse traditionnelle chinoise, des costumes japonisants, une scénographie aux motifs mauresques... La distance existait de fait entre mon univers et celui de cette compagnie : quand j'ai commencé à travailler avec ces personnes, je ne les connaissais pas, elles étaient loin de moi. Il a donc fallu se connaître, se rapprocher...

Car la distance varie. A quelle distance les choses n'ont-elles plus de relation les unes avec les autres ? Quelle énergie subsiste entre deux personnes quand elles sont éloignées l'une de l'autre, physiquement, psychiquement, géographiquement ? Quand est-on près de quelqu'un ? trop près ? Chacune de ces distances semble affecter l'énergie qui circule entre les êtres.

Le fait de travailler avec des danseurs de formation classique me pousse ici à explorer un matériel physique, moins théâtral que d'habitude. Cela se traduit notamment par une danse "à bout de bras". Les bras et les mains jouent un rôle important dans mon vocabulaire. La distance qui nous sépare du monde de l'autre, celle qu'il nous faut parcourir pour le toucher, a la longueur d'un bras.

Le choix de la bande sonore a été guidé par mon amour pour la musique de Biber, et pour toutes les "distances" qu'elle regroupe : les *Sonates du rosaire* datent de la fin du XVIIe siècle, mais elles remettent au goût du jour une tradition médiévale. Cette musique est purement instrumentale : il n'y a plus de texte chanté, comme dans mes précédentes créations. D'où un sentiment d'"épure" que l'on retrouve aussi dans la concentration sur le geste et le mouvement.

Il y a dans ces sonates une dimension religieuse déjà présente dans mes créations précédentes. Une dimension que je souhaitais éviter, mais dont j'ai aujourd'hui compris l'importance, et que j'assume. L'histoire de Jésus, l'Annonciation, la Présentation au Temple : ces éléments se retrouvent dans *Foi* et *In memoriam*.

Ce qui m'intéresse dans la "religion", c'est que, précisément, elle "relie". La conviction, la foi permettent d'abolir les distances.

Loin se définit donc entre l'un et l'autre, entre le sujet et l'objet, un entre-deux qui n'existe que grâce au concept de dualité ("Dieu et nous", "le bien et le mal", "le moi et le toi", "le public et l'artiste", "l'Orient et l'Occident", mais aussi "le yin et le yang"...). Si cette dualité n'est pas prise comme un dogme, si l'on ne croit pas à cette division, il n'y a plus de distance, tout devient "un", tout devient proche... Nous en sommes loin.

Zero Degrees, la concrétisation de ma rencontre avec Akram Khan, est un prolongement de ce travail. Les notions de frontières sont très présentes dans cette pièce.

Akram a un parcours parallèle au mien. Il a grandi dans une culture indienne musulmane. Même s'il ne parle pas arabe, il a appris certaines prières. J'ai moi-même évolué dans une autre culture, mais je connais aussi ces prières. Lorsque nous nous sommes rencontrés, nous avons eu l'impression de nous voir dans un miroir. Alors que pour beaucoup, nous ne sommes que des contrastes : sa danse est très abstraite, la mienne est théâtrale, ma peau est très pâle, la sienne est foncée. Ce qui nous a donné envie de travailler ensemble, ce sont nos similitudes, ce qui nous rendait "un".

Zero Degrees, c'est aussi une rencontre avec Antony Gormley et Nitin Sawhnay, qui ont signé respectivement la scénographie et la musique. Au sein de ce quatuor, chacun avait sa définition du titre de la pièce. Ce "degré zéro" représentait un point de départ et un point final, l'alpha et l'oméga, mais aussi le moment entre ces deux repères. Le moment entre la vie et la mort.

C'est aussi un rapport à la géographie, avec la notion de frontière qui sépare deux pays, ce sas qui n'a pas d'identité, qui est un nulle part. Comment être soi-même à l'intérieur d'un espace qui n'est pas défini.

Le passeport est un élément dramaturgique très important dans cette pièce. L'histoire que nous racontons montre à quel point ce morceau de papier symbolise notre identité, et peut ainsi nous fragiliser.

A un certain moment, Akram et moi découvrons un corps assoupi dans un wagon de train. Quand nous réalisons qu'il est peut-être mort, on ne peut s'empêcher de se demander s'il était encore vivant quand nous l'avons croisé pour la première fois. C'est ce *"zero degrees"*, ce voyage qui mène de la vie à la mort…

Dans cette pièce, je chante en hébreu. Nous trouvions intéressant de passer de l'autre côté, d'utiliser la voix de la culture qui nous est prétendument opposée, pour exprimer un même désir : l'envie de rentrer chez soi.

Le dire avec les mots de celui qui nous est étranger.

Utiliser les mots de ceux qui sont les plus éloignés de nous, c'est peut-être aussi s'en rapprocher.

Anecdote amusante autour de cette chanson : on vient d'apprendre récemment par son interprète qu'elle s'inspire très fortement d'une chanson traditionnelle basque. C'est assez ironique. Ça me conforte surtout dans l'idée que rien n'est vraiment unique.

Il y a ce voyage interculturel, ce souffle, qui fait que tout vient d'ailleurs. Et les choses qui sont ici iront aussi vers un ailleurs.

IN MEMORIAM

Pour avoir été confronté très jeune à des deuils familiaux, je sais ce qu'est la mort.

Elle ne m'effraie pas. Certainement parce que j'ai appris qu'il fallait pleinement investir le temps qui la précède. Chacun de mes actes est une manière de prendre des repères par rapport à la mort, de mieux l'appréhender.

In memoriam, ma première collaboration avec les Ballets de Monte-Carlo, dit comment une personne qui n'est plus survit à travers la mémoire des autres.

Enfant, mon visage ressemblait beaucoup à celui de ma mère. Après la mort de mon père, il s'est transformé. J'ai commencé à lui ressembler. Une partie de moi réincarnait mon père.

Nous ne faisons que revisiter ce qui a toujours été, toutes ces grandes histoires, ces archétypes, comme le mythe d'Ariane, celui d'Œdipe. Les ingrédients sont les mêmes, seules les épices changent. Nous n'inventons rien, nous réincarnons.

Le spectacle présente une dualité entre réel et mémoire. Ma mère venait de perdre son conjoint, nous avons traversé un moment très difficile. J'ai eu beaucoup de difficulté à exprimer cette douleur. C'est aussi pour ça que cette pièce se nomme ainsi.

Le magnétisme est une notion majeure de ce travail. Ce qui nous attire ou ce qui nous repousse. L'ensemble des pas de deux est basé sur cette énergie. Il s'agissait de réfléchir sur l'impact, positif ou négatif, qu'une personne peut avoir sur vous sans même qu'elle vous touche. La figure du cercle est également très présente. Chacun est sur sa propre planète, en train de tourner sur soi-même, entraînant aussi d'autres individus dans son orbite. C'est ainsi, par ce jeu de magnétisme, que de nombreuses galaxies sociales se forment et se défont.

La scénographie montre des racines. Elles se trouvent au plus profond de la terre, au plus profond de nous. C'était pour moi une suite logique à *Tempus fugit* qui elle se plaçait dans les arbres. La légèreté apparente de cette pièce a nourri la profondeur d'*In memoriam*.

"In memoriam."

Ces mots prenaient soudain une valeur positive, représentaient la vie, étaient synonymes de construction. D'une certaine manière, le spectacle a compensé la mort du conjoint de ma mère, et les autres morts que j'ai vécues. Il faut apprendre à ne pas construire autour du vide, mais à l'intérieur de cet espace.

Quand ma mère est venue voir le spectacle, j'ai pu lui dire : "Bâtis là où le vide s'est créé."

Avec ce spectacle, je travaillais pour la première fois avec des danseurs de formation classique. Il m'a permis de découvrir une famille, celle des Ballets de Monte-Carlo, aussi rigoureuse que généreuse, et des danseurs fantastiques. J'admire la manière dont Jean-Christophe Maillot, leur directeur, suit son instinct. Il m'a accordé sa confiance sans vraiment connaître mon parcours. Je crois être un peu comme lui. Je suis très attentif aux impressions que me laisse une première rencontre. Peu m'importent les compétences techniques d'un danseur, je préfère savoir qui il est, puisque je pense qu'il dansera ce qu'il incarne.

Le plaisir que nous avons pris lors de cette première collaboration nous a amenés à la poursuivre.

Si *In memoriam* parle de nos racines, de nos ancêtres, *Mea culpa*, ma deuxième création pour les Ballets de Monte-Carlo, explore, par bribes, le monde que ceux-ci nous ont laissé en héritage.

Quelles sont les fondations de notre civilisation actuelle ? Ce confort dont nous bénéficions aujourd'hui, qui nous a été légué par nos parents et grands-parents, à quel prix a-t-il été acquis ? Cette réflexion m'a amené aux notions de division, de hiérarchie, de conquête, de colonisation, d'asservissement de l'homme par l'homme, d'esclavage, de pollution.

Quel est notre degré de responsabilité au regard des actes de ceux dont nous descendons ? Sommes-nous affranchis des choix qu'ils ont faits ? J'ai longtemps pensé que tel était le cas, mais aujourd'hui, alors que je viens d'avoir trente ans, je révise mon jugement. Se désengager de notre héritage, quel qu'il soit, c'est une manière de nier notre rapport au monde.

Les objets qui nous entourent ne sont pas des objets morts. Chacun d'eux possède une histoire, une forme de karma. Prenons l'exemple d'une bague de fiançailles. Témoin de l'amour d'un couple, un diamant posé sur une bague symbolise cette union. Mais quelle est l'histoire de cette pierre ? Provient-elle d'un sol africain ? Quelles sont les mains qui l'ont extirpée, et dans quelles conditions ? Evidemment, quand on commence à considérer les objets de cette manière, tout devient très vite oppressant. Mais avoir la conscience de ces éléments permet déjà d'affiner son rapport à l'Histoire.

Sur le plateau de *Mea culpa*, les vêtements des danseurs, dessinés par Karl Lagerfeld, contrastent avec un tas d'ordures, posé sur les côtés de la scène. J'aurais certainement préféré que ma danse ne soit pas perturbée par la vision de ces déchets, mais où fallait-il les mettre ? Lorsqu'on raffine, on récolte naturellement des résidus, et ces résidus doivent bien aller quelque part… Que fallait-il faire de cette décharge ? Faut-il s'en laver les mains et l'exporter chez un voisin-poubelle ? Plutôt que de nier son existence, j'ai préféré la placer sur scène, et m'y confronter.

Demander pardon, endosser ses responsabilités est un acte qui permet de nous repositionner face à notre histoire. Découvrir la valeur de notre passé est un don précieux. Cette conscience, à la fois vertigineuse et grisante, décuple notre faculté d'apprécier le présent. Elle est une naissance perpétuelle qui nous rend vivants.

C'est la puissance d'incarnation d'un être, la manière dont il fait respirer sa Vie, qui le rend merveilleux et inoubliable.

C'est cette force qui se transforme en mémoire.

C'est à elle que nous devons nous consacrer.

POSTFACE

J'ai l'habitude de m'exprimer par de nombreux moyens dont l'écriture ne fait pas partie. Je remercie donc Christian Dumais-Lvowski de m'avoir invité à écrire ce texte. Cette aventure aura été riche en découvertes, et Christian aura été notre guide.

Je voudrais aussi remercier mille et une fois Justin Morin pour sa patience et son écoute. Si le livre qui résulte de nos discussions est mince, le chemin que nous avons parcouru n'en a pas été moins long. Je le remercie de m'avoir accompagné à travers cet humble "pèlerinage".

Mes préoccupations de chorégraphe rejoignent les siennes : celles d'un plasticien qui a fait de la broderie son moyen d'expression. Son travail se concrétise sur une toile, le mien sur une scène. Je conçois chacune de mes créations comme un canevas qui relie chaque participant. Ce texte n'échappe pas à la règle, il l'illustre parfaitement.

Il est un trait d'union, le fruit d'une confiance et d'une amitié profonde. Ainsi n'était-ce pas mon idée ou celle de Justin, mais celle qui naissait entre nous qui dominait chacune de nos rencontres. L'idée partagée est celle qui faisait sens. Elle est une éternelle leçon de vie, elle est cet entre-deux qui façonne le réel.

Merci, Justin, pour le calme de cette expérience. L'alchimie entre les êtres ne se choisit pas, et alors que souvent la création impose un état d'alerte, j'ai pu trouver à chaque instant de notre dialogue un moment de paix.

Il me fallait simplement trouver une réponse à chacune de mes questions.

SIDI LARBI CHERKAOUI

TABLE

Ouvrage réalisé par l'atelier graphique Actes Sud. Achevé d'imprimer en octobre 2006 par l'Imprimerie Floch à Mayenne pour le compte des éditions Actes Sud Le Méjan Place Nina-Berberova 13200 Arles.
Dépôt légal 1re édition : novembre 2006.
N° d'impr. : 66710
(Imprimé en France)